MW01706045

ORGUEILLEUSE

Données de catalogage avant publication (Canada)

Perrault, Louise

Elsie, la chèvre orgueilleuse
(Collection Plus)
Pour enfants de 7 à 10 ans.
ISBN 2-89428-282-6
I. Titre.

PS8581.E727E47 1998 jC843'.54 C98-940017-4
PS9581.E727E47 1998
PZ23.P47El 1998

L'éditeur a tenu à respecter les particularités linguistiques des auteurs qui viennent de toutes les régions de la francophonie. Cette variété constitue une grande richesse pour la collection.

Directrice de collection : **Françoise Ligier**
Maquette de la couverture : **Marie-France Leroux**
Composition et mise en page : **Lucie Coulombe**

Les Éditions Hurtubise HMH remercient le Conseil des Arts du Canada de l'aide apportée à son programme d'édition et remercient également la SODEC pour son appui.

Éditions Hurtubise HMH
1815, avenue De Lorimier
Montréal (Québec)
H2K 3W6 CANADA
Téléphone : (514) 523-1523

ISBN 2-89428-282-6

Dépôt légal/1er trimestre 1998
Bibliothèque Nationale du Québec
Bibliothèque Nationale du Canada

Imprimé au Canada

ELSIE, LA CHÈVRE ORGUEILLEUSE

Louise Perrault

Illustré par
Bruno St-Aubin

Collection Plus
dirigée par Françoise Ligier

HURTUBISE
HMH

Il y a comme un air de musique autour de **Louise PERRAULT**. Elle aime chanter, c'est sûr. D'ailleurs, elle a déjà été chanteuse dans un groupe. Elle aime la vie à la campagne, la nature, les animaux, « surtout les loups », dit-elle. Mais sa plus grande passion, ce sont les enfants ! Les siens évidemment, Kimberley et Maxime. Mais aussi tous les enfants dont elle s'occupe à la garderie où elle travaille. « Chacun d'eux est unique, dit-elle. Et avec eux, mes journées sont remplies de nouvelles découvertes. » *Elsie, la chèvre orgueilleuse* est son premier livre publié.

Bruno ST-AUBIN s'est spécialisé en graphisme au Collège Ahuntsic, en illustration à l'*Academy of Art* de San Francisco enfin, en cinéma d'animation à l'université Concordia, de Montréal. C'est aux éditions du Raton Laveur qu'il illustre son premier album en 1987. Depuis, il s'est fait connaître par de nombreux titres, toujours illustrés avec humour, et un trait plein de vie et de mouvement. *Elsie, la chèvre orgueilleuse* est le onzième roman qu'il illustre dans la collection PLUS.

1

Le cirque

C'était il y a longtemps, dans un petit village. Quelques fermes entouraient une école, une église, un magasin général. Il y avait aussi une petite fabrique qui employait presque tous les hommes du village. La mairie, minuscule, se trouvait à côté d'un grand terrain vacant destiné à l'expansion du village.

Sur ce terrain, une fois par an, un cirque ambulant s'installait. Pendant une semaine, on pouvait voir des spectacles formidables : des clowns, des acrobates, des lions, des tigres, un ours savant qui pédalait sur une vraie bicyclette et un énorme éléphant qui répondait au nom de Victor.

Eh oui, un vrai cirque, dans un joli paysage de campagne, tout prêt d'une ferme. Et c'est justement dans cette ferme que notre histoire commence.

C'était une jolie ferme. On y retrouvait des chevaux, des vaches, quelques cochons, de la volaille. Mais ce sont les chèvres qui sont au centre de cette drôle d'histoire. Non, pas toutes les chèvres. Une, en particulier : Elsie,

la chèvre la plus orgueilleuse de toute la région.

Elsie était une belle chèvre. Ses cornes étaient arquées juste comme il faut. Sa fourrure était douce et soyeuse, et elle ne manquait aucune occasion de s'en vanter. Elle répétait sans cesse, à qui voulait l'entendre, que son lait donnait le meilleur fromage de toute la région. Vraiment, à l'entendre, elle était de loin la meilleure dans tous les domaines.

Un beau matin ensoleillé, toutes les chèvres de la ferme regardaient passer les caravanes bruyantes du

cirque. Des chevrettes, trop jeunes pour se souvenir du cirque, demandèrent à Elsie ce qui se passait. Fière d'être choisie pour les instruire, elle répondit aussitôt :

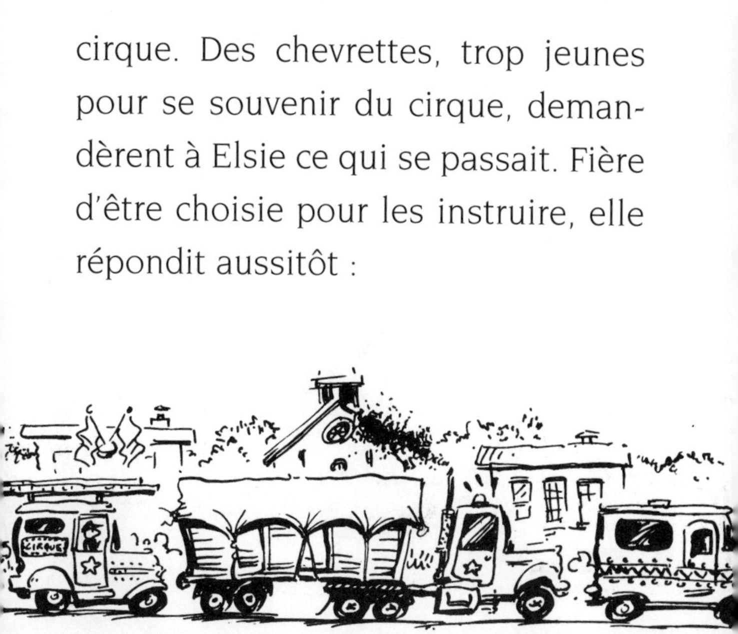

— Toutes ces caravanes font partie d'un cirque qui va s'installer dans le champ d'à côté pendant quelques jours.

— Qu'est-ce qu'un cirque, dame Elsie ? demanda la plus jeune.

— Eh bien, un cirque, c'est un endroit où on peut assister à des spectacles, sous un chapiteau. C'est assez intéressant.

— Êtes-vous déjà allée au cirque ? demanda une autre.

— Oh ! oui, plusieurs fois, répondit Elsie, d'un ton nonchalant.

Les yeux des petites chèvres se remplirent aussitôt d'admiration.

Une autre chevrette demanda timidement :

— Est-ce que nous pouvons y aller avec vous cette fois ?

Les autres se mirent toutes à supplier Elsie de les emmener, tant et si bien qu'elle s'inclina :

— Bien, je suppose que nous pourrions y aller ensemble demain, si vous insistez.

De partout se firent entendre des hourras et des bravos. Toutes les chèvres étaient heureuses. Elsie se retourna, satisfaite.

2

Victor

Le lendemain matin, elles se réunirent près du puits tout de suite après le déjeuner et se mirent en route pour le cirque. Les jeunes chèvres chevrotaient bruyamment à la suite de dame Elsie. Tout le monde était bien excité. À l'entrée du cirque, Elsie éleva la voix et demanda à chacune de se mettre en ligne et de franchir le tourniquet sans se bousculer.

D'abord, elles virent le spectacle des acrobates, suivi de celui des clowns. Puis vint le tour des animaux. Les tigres et les lions sautèrent à travers des cerceaux en feu. L'ours, vêtu d'un beau gilet et d'un chapeau, fit quelques tours de piste en pédalant sur des bicyclettes de plus en plus petites. Pour clore le spectacle, deux des acrobates revinrent faire leurs adieux sur le dos de Victor l'éléphant. Il y eut une explosion

d'applaudissements, puis les spectateurs sortirent du chapiteau.

Les chèvres en avaient le souffle coupé. Personne ne dit mot en se promenant parmi les attractions.

Elles s'arrêtèrent devant un kiosque qui dégageait des odeurs de poulet rôti, de frites et de toutes sortes de sucreries. Elles étaient toutes d'accord pour manger un morceau.

Une fois rassasiées, elles marchèrent de nouveau et s'arrêtèrent brusquement au son d'un barrissement assourdissant. Non loin d'elles se trouvait l'éléphant du spectacle, au repos. Les jeunes chèvres accoururent vers son enclos, suivies de dame Elsie et de ses copines.

— Magnifique ! dirent les unes.

— Superbe ! dirent les autres.

Jamais elles n'avaient vu un animal aussi gigantesque.

— Il est énorme, s'exclama la plus jeune.

Jalouse, Elsie essaya de déprécier l'animal :

— Oh ! le dernier éléphant était bien plus gros.

— Et ses oreilles sont immenses ! remarqua une autre petite chèvre.

— Il faut dire que ça ne l'avantage pas, le pauvre, conclut Elsie.

— Je suis un éléphant africain. Nous sommes fiers de la grandeur de nos oreilles. C'est une des choses qui nous différencient des autres éléphants, précisa Victor.

— Et son nez ! Il est superbe ! dit une autre.

Elles étaient toutes fortement impressionnées par cet animal qu'elles n'avaient encore jamais vu.

— Nous appelons cela une trompe, et je vous remercie des compliments, dit Victor.

— Oh ! vous savez, un nez, une trompe, répliqua Elsie de très mauvaise humeur, ça sert finalement à la même chose.

— J'aimerais avoir une trompe, moi, souhaita la plus jeune.

— Moi aussi, répétèrent plusieurs petites voix.

— Mais voyons, chères, vous êtes des chèvres, vous n'avez pas besoin d'un tel nez, intervint Elsie.

— C'est une trompe, dame Elsie, corrigea la petite chèvre au poil hérissé.

— Et c'est très, très beau ! dit une autre.

— Merci, dit Victor.

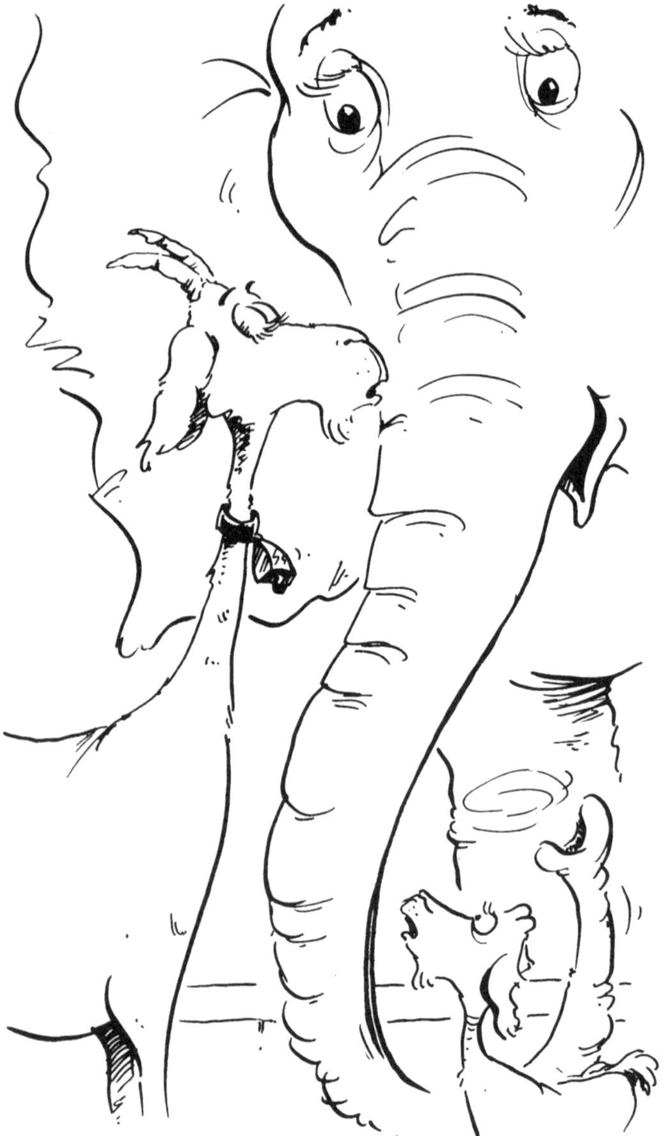

— N'aimeriez-vous pas avoir une belle trompe comme Victor, dame Elsie ?

C'est à ce moment-là que la jalousie d'Elsie prit le pas sur sa raison.

— Victor a effectivement une belle trompe, mais ce n'est quand même qu'un nez démesuré. N'importe qui peut en avoir une, il suffit de la laisser pousser. Je préfère un petit nez mignon, comme le mien.

— Tout le monde peut se faire pousser une trompe ? cria une toute petite chèvre extrêmement excitée.

Elsie comprit sur le champ l'erreur qu'elle avait commise, mais elle était trop orgueilleuse pour admettre qu'elle n'avait pas dit la vérité. Alors, elle assura en plus que c'était facile.

— Vous pourriez le faire, dame Elsie ? demanda la plus jeune.

— Bien sûr, petite, mais je ne le veux pas. Je me trouve très belle comme je suis, dit Elsie en espérant clore la discussion.

Victor, qui avait tout entendu, n'était pas du même avis. Un mot résuma son opinion :

— Impossible !

Les petites chèvres se retournèrent toutes vers Victor. Elles n'avaient jamais entendu quelqu'un contredire Elsie. Elle prirent aussitôt sa défense :

— Dame Elsie est notre chef. Elle a toujours raison. Elle nous le dit tout le temps, d'ailleurs !

Elsie en rougit sous son poil.

Mais Victor insista :

— Nous sommes nés tels que nous sommes. Nous ne pouvons ni changer de couleur, ni faire pousser des plumes au lieu du poil. Impossible de se faire pousser le nez. C'est comme ça.

La plus petite ne croyait pas un mot de ce que Victor disait. Elle s'avança jusqu'à lui pour lui dire :

— Eh bien, dame Elsie, elle, serait capable de se faire pousser une trompe, si elle le voulait.

— Mais elle ne le veut pas, entonna Victor, un sourire aux lèvres.

3

Le défi

Elsie n'aimait pas la tournure de la discussion. Elle aimait encore moins qu'on se moque d'elle, mais elle n'osait défendre sa position. Une aînée prit la parole à sa place :

— Monsieur Victor, je vous trouve bien insolent. Si j'étais dame Elsie, je me ferais pousser une trompe pour vous donner une bonne leçon !

— Moi aussi !

— Vous avez raison.

— Oui, oui, oui !

Toutes étaient d'accord et elles se mirent à essayer de convaincre Elsie d'accepter ce défi. Elsie n'avait plus le choix. Fortifiée par la confiance que les autres avaient en elle, elle alla même jusqu'à dire que sa trompe serait encore plus belle que celle de Victor ! Elles se donnèrent donc rendez-vous, devant l'enclos de Victor, pour le lendemain. On verrait ce que l'on verrait !

Elsie ne dit pas un mot jusqu'à la ferme tandis que ses amies faisaient grand bruit, tant elles étaient excitées.

Elsie, inquiète, réfléchissait. Ne ferait-elle pas mieux d'avouer qu'elle

avait menti ? Oui, ce serait bien la meilleure chose à faire, mais Elsie ne voulait pas perdre l'admiration des autres chèvres. Peut-être pouvait-elle retarder, encore et encore, avec une excuse ou une autre, le jour où elle devrait leur montrer sa trompe. Les chèvres oublieraient vite cette histoire. Elles n'avaient pas beaucoup de mémoire. Mais l'éléphant, lui, c'était autre chose !

Elle pensait à tout cela, un peu découragée, quand elle entendit un bruit provenant de la maison. Curieuse, elle s'approcha de la fenêtre du salon. Ce qu'elle vit ne l'intéressa pas, au début, mais bientôt elle comprit que la réponse qu'elle cherchait était devant elle.

La dame de la maison passait l'aspirateur. Elsie vit immédiatement que le boyau de l'aspirateur pouvait facilement passer pour une trompe. Il était gris, flexible, et même s'il avait quelques imprimés de fleurs, ça ne dérangeait pas. Sa trompe serait encore plus belle que celle de Victor !

Elle partit rejoindre les autres, fière d'avoir trouvé une solution aussi merveilleusement simple. Il restait maintenant à attendre que tout le monde soit couché.

La nuit tombée, Elsie se faufila dans la maison sans faire de bruit. Elle s'empara du boyau et d'un gros rouleau de ruban adhésif. Elle appliqua soigneusement le boyau à son visage, le retenant avec plusieurs morceaux de ruban bien collant.

Elle fut très satisfaite du résultat. En se dandinant devant son miroir, elle s'aperçut que le boyau était juste de la bonne longueur et qu'en balançant la tête doucement, il suivait le rythme aisément, comme la trompe de Victor. Mais les fleurs rajoutaient vraiment la touche d'élégance que Victor n'avait pas.

Elle arriva pour déjeuner la tête haute. Elle donnait l'impression d'être fière ! Mais en réalité, elle avait simplement peur de s'empêtrer dans son nouveau nez.

Elle fut accueillie par des cris de joie et de surprise. Toutes les petites chèvres voulurent s'installer à côté d'elle pour l'admirer et l'entendre

raconter comment elle s'était fait pousser une trompe.

Elsie, qui ne pouvait manger parce que sa trompe limitait l'ouverture de sa bouche, prétexta qu'elle n'avait pas faim et dit à ses amies qu'elle les attendrait près du puits. Elle voulait en finir au plus vite pour retourner à une vie normale.

Les chèvres avaient tellement hâte de voir la réaction de l'éléphant qu'elles durent se contrôler pour ne pas courir jusqu'au cirque. Tout au long du chemin, Elsie les entendait se dire combien elles aimeraient se faire pousser une trompe à leur tour. Les plus âgées répétaient de diverses façons comment elles avaient toujours trouvé Elsie sage, intelligente, et même géniale !

Elsie prenait de l'assurance en écoutant les commentaires de ses amies, si bien qu'elle ne ralentit même pas le pas jusqu'à l'enclos de Victor.

— ... votre trompe est... fleurie?

— Bien oui, mon cher et humble ami. Comme je suis une dame, c'est beaucoup plus joli, ne trouvez-vous pas?

— Oui... je dois admettre que c'est très beau, assura Victor, encore plus troublé.

Il se gratta le dessus de la tête avec le bout de sa trompe, en essayant de comprendre. En voyant ce geste, les yeux d'Elsie s'écarquillèrent. Elle ne s'était jamais aperçue qu'un éléphant pouvait bouger sa trompe à son gré. Elle avait toujours cru qu'une trompe ne servait à rien d'autre qu'à respirer. En voyant l'expression d'Elsie, Victor comprit qu'il s'était fait duper. Ils s'étaient tous fait duper.

Victor prit conscience de sa responsabilité devant toutes ces petites chèvres aux yeux confiants. Il décida qu'Elsie ne s'en tirerait pas aussi facilement.

— Eh bien... répéta Victor, je vous félicite encore une fois, et vous verrez qu'avoir une trompe peut être une chose très pratique.

— Comment, Monsieur Victor? demanda la plus petite chèvre.

— Pensez, par exemple, aux repas. Dame Elsie n'aura plus à se pencher pour brouter. Il lui suffira simplement de soulever la nourriture avec sa nouvelle trompe et de la ramener délicatement dans sa bouche, comme ceci.

Victor fit immédiatement une démonstration avec tant de panache

que toutes les chèvres se retournèrent vers Elsie en lui demandant d'essayer de manger quelque chose.

— Je n'ai vraiment pas faim, protesta Elsie.

— Juste un essai, dame Elsie, supplia la plus petite chèvre.

— Vous savez, j'ai passé une nuit tout à fait épuisante et je ne crois pas en avoir la force maintenant, bredouilla Elsie.

— Juste un tout petit, tout petit essai, dame Elsie. J'ai justement apporté un morceau de pomme pour ma collation.

Toutes les chèvres, maintenant, l'encourageaient. Elsie était prise au piège. Victor et Elsie se regardèrent dans les yeux.

— D'accord, je vais essayer, soupira Elsie avec résignation.

La petite chèvre rousse déposa son morceau de pomme devant cette grande dame. Elsie donna un coup de tête, sans trop de conviction, et la trompe atterrit à la droite de la pomme puis revint à son point de départ. Elle entendit quelques murmures déçus. Elle essaya encore et encore. Ses amies manifestaient de plus en plus leur déception.

Désespérée, Elsie balançait sa tête avec ardeur. La trompe ballottait d'un bord et de l'autre, fouettant l'air, sans atteindre sa cible.

Pas un murmure ne se fit entendre quand, affaiblis par l'effort, les morceaux de ruban adhésif commencèrent à se décoller un à un.

Pas un murmure ne se fit entendre non plus quand Elsie, la trompe gisant maintenant sur le sol, murmura quelques mots pour dire à quel point elle était désolée d'avoir essayé de les tromper. Elle fit des excuses à Victor aussi.

Elsie, tête basse, prit la direction de la ferme, suivie, à une certaine distance, des autres chèvres stupéfaites. Près de la sortie du cirque, elle entendit Victor lui crier gentiment :

— Ce n'est pas grave, dame Elsie, vous êtes bien plus belle avec votre petit nez !

Elsie se retourna et lui fit un signe de la tête, en remerciement.

À la ferme, la vie reprit son cours, tranquillement. Au fil des jours, cette histoire fut oubliée. Du moins, presque oubliée, car depuis cette aventure Elsie est beaucoup plus modeste et plus aimable. Elle aide celles qui en ont besoin et conseille celles qui le lui demandent. On ne l'entend plus se vanter, jamais. Et si, un jour, elle revient à la tête du troupeau des chèvres, ce sera parce qu'elle est aimée, respectée et qu'elle l'aura mérité.

Table des matières

LE PLUS DE *Plus*

Réalisation :
Delphine Maury

Une idée de
Jean Bernard Jobin
et Alfred Ouellet

Avant la lecture

Le cirque

Certains animaux appartiennent au monde du cirque, d'autres au monde de la ferme. Dans la liste qui suit, 5 animaux appartiennent uniquement au monde du cirque, trouve-les !

1. Une vache
2. Un éléphant
3. Une chèvre
4. Une otarie
5. Un lion
6. Un ours
7. Un cheval
8. Un cochon
9. Un tigre
10. Une poule
11. Un canard
12. Un lapin

Trois parmi ces animaux appartiennent à la fois aux mondes du cirque et de la ferme, peux-tu dire lesquels ?

Les métiers du cirque

Voici une liste de métiers du cirque. Pourrais-tu relier chaque personnage à son activité ?

1. Le clown
2. L'écuyère
3. Le dompteur
4. L'équilibriste
5. Le magicien

a. fait des acrobaties sur le dos d'un cheval au galop
b. fait apparaître un lapin dans son chapeau
c. fait rire les enfants
d. fait sauter les lions dans des cerceaux en feu
e. marche sur un fil suspendu en hauteur

Chacun à sa place

Des intrus se sont glissés dans ces listes ; chasse-les !

1. un acrobate
   un trapéziste
   une équilibriste
   un fleuriste

2. un clown
   un écrivain
   une libraire
   une bibliothécaire

Des défauts pour tout le monde !

1. Ernest ne veut pas sauter dans la piscine.
2. Léonie a dévoré tous les gâteaux que sa sœur Lucie avait préparés.
3. Anatole a eu une mauvaise note et a déchiré tous ses cahiers.
4. Patrick, après la partie de hockey, a refusé de serrer la main des gagnants.

Selon toi, lequel de ces enfants est :

a. gourmand
b. orgueilleux
c. coléreux
d. peureux

Au fil de la lecture

Vrai ou faux ?

Parce qu'Elsie est orgueilleuse, elle aime :

1. que Victor se moque d'elle.
2. être choisie par les autres chèvres pour instruire les plus jeunes.
3. que les chèvres admirent quelqu'un d'autre qu'elle.
4. que la petite chèvre la contredise.
5. que les chèvres lui fassent des compliments.
6. décevoir ses amies.
7. se vanter d'avoir une fourrure douce et soyeuse.
8. que les lions et les tigres la saluent.
9. que les jeunes chèvres lui donnent à manger des morceaux de pomme.
10. se reposer à la nuit tombée.

Charade

Mon premier est fêté dans la nuit du 31 décembre au 1er janvier, c'est le nouvel…

Mon deuxième se dit de quelqu'un qui est ivre ; on dit qu'il a trop…

Mon troisième est le contraire de rapide

Et mon tout est la caractéristique des cirques qui se déplacent de ville en ville ; on dit que le cirque est…

C'est une fausse trompe !

Elsie triche en se collant un boyau d'aspirateur sur le nez. Mais elle a oublié quelque chose de très important... et elle se trahit ! Qu'est-ce qui fait que Victor et les chèvres découvrent qu'Elsie porte une fausse trompe ?

1. Victor voit tout de suite que la trompe d'Elsie est fausse, parce qu'elle est décorée de fleurs !
2. Le boyau d'aspirateur est plein de poussière et fait éternuer Elsie.
3. Victor voit dans les yeux d'Elsie qu'elle ignore que les éléphants peuvent utiliser leur trompe comme une main et se gratter le front... C'est donc que sa trompe est fausse !
4. La trompe est si longue qu'Elsie la décroche en marchant dessus.

Après la lecture

Le chien aboie

Saurais-tu relier chaque animal avec le bruit qu'il fait ?

1. Le chien	a. jacasse (jacasser).
2. La pie	b. barrit (barrir).
3. Le lion	c. chevrote (chevroter).
4. Le cheval	d. aboie (aboyer).
5. La poule	e. hulule (hululer).
6. Le mouton	f. caquette (caqueter).
7. La chèvre	g. bêle (bêler).
8. La chouette	h. hennit (hennir).
9. L'éléphant	i. rugit (rugir).

Chacun son nez

Sais-tu que le nez ou la bouche de certains animaux portent un nom particulier? Le nez de l'éléphant, comme nous l'explique Victor, est une trompe. Saurais-tu relier chaque animal à son nez ou à sa bouche?

1. Le chien a
2. Le cochon a
3. L'homme a
4. Le cheval a
5. Le crocodile a
6. Le bœuf a

a. des nasaux.

b. un groin.

c. un mufle.

d. une truffe.

e. une gueule.

f. un nez

Travailleur ou paresseux ?

Elsie est orgueilleuse. L'orgueil est un défaut. Arthur sait reconnaître quand il a tort. Il est humble. L'humilité est une qualité.

Relie chaque défaut à la qualité contraire.

1. Elsie est orgueilleuse, elle n'accepte pas d'avouer qu'elle a tort.
2. Lucien est égoïste, il n'aime pas partager ce qu'il a et garde tout pour lui.
3. Charles est bavard, il parle tout le temps, on n'entend que lui.
4. Céline est paresseuse, elle n'aime pas travailler.
5. Koder est peureux, il n'a pas le courage de sortir la nuit pour promener le chien.

a. Christian est travailleur, il fait ses devoirs et aide ses parents.
b. Maya est courageuse, elle a le sourire quand elle a mal aux dents.
c. Martine est généreuse, elle partage ses livres, ses jeux, ses bonbons avec ses amis.
d. Myriam est humble, elle sait reconnaître qu'elle se trompe.
e. Manu est discret, il parle peu et écoute ses amis.

Une famille au complet

La femelle du mouton n'est pas la moutonne, et leur petit ne s'appelle pas le moutonnet !

Saurais-tu relier les mâles au reste de leur famille ?

1. Le mouton	a. La truie et le porcelet
2. Le lion	b. La poule et le poussin
3. Le coq	c. La brebis et l'agneau
4. Le taureau	d. La lapine et le lapereau
5. Le bouc	e. La lionne et le lionceau
6. Le cochon	f. La chèvre et le cabri
7. Le lapin	g. La vache et le veau

« C'est pour mieux t'entendre, mon enfant ! »

Le savais-tu ? Il existe deux genres d'éléphants sur terre : les éléphants d'Afrique et ceux d'Asie. Les éléphants d'Afrique ont de grandes oreilles, tandis que les éléphants d'Asie en ont de plus petites.

Pour te rappeler cette information, tu n'as qu'à retenir que le mot Afrique (7 lettres) est plus long, plus grand, que le mot Asie (4 lettres). Ainsi, tu sauras toujours que les éléphants africains ont de plus grandes oreilles !

Ce qui est valable pour les éléphants l'est aussi pour...

Il existe aussi deux types de rhinocéros (rhinocéros ça veux dire ; « corne sur le nez ») : les rhinocéros d'Afrique et ceux d'Asie.

Ceux d'Afrique portent deux cornes sur le nez tandis que ceux d'Asie n'en ont qu'une !

Pour t'en rappeler, tu peux utiliser le même truc que pour les éléphants : plus il y a de lettres dant le mot, plus ils ont de cornes sur le nez !

Solutions

Avant la lecture

Le cirque
2, 4, 5, 6, 9. Le cheval, la chèvre et le lapin appartiennent à la fois au monde du cirque et à celui de la ferme.

Les métiers du cirque
1. c ; 2. a ; 3. d ; 4. e ; 5. b.

Chacun à sa place
1. Fleuriste ; 2. Clown.

Des défauts pour tout le monde !
1. d ; 2. a ; 3. c ; 4. b.

Au fil de la lecture

Vrai ou faux ?
1. faux ; 2. vrai ; 3. faux ; 4. faux ; 5. vrai ; 6. faux ; 7. vrai ; 8. faux ; 9. faux ; 10. faux.

Charade
Le cirque est ambulant (an-bu-lent).

C'est une fausse trompe !
3.

Après la lecture

Le chien aboie
1. d ; 2. a ; 3. i ; 4. h ; 5. f ; 6. g ; 7. c ; 8. e ; 9. b.

Chacun son nez
1. d ; 2. b ; 3. f ; 4. a ; 5. e ; 6. c.

Travailleur ou paresseux ?
1. d ; 2. c ; 3. e ; 4. a ; 5. b.

Une famille au complet
1. c ; 2. e ; 3. b ; 4. g ; 5. f ; 6. a ; 7. d.

Dans la même collection

Premier niveau

- **Anatole, le vampire**
  Marie-Andrée Boucher et Daniel Mativat
- **L'Araignée souriante**
  Laurent Chabin
- **Chats qui riment et rimes à chats**
  Pierre Coran
- **Chèvres et Loups**
  Lisa Carducci
- **Le Cosmonaute oublié**
  Marie-Andrée et Daniel Mativat
- **Le Dossier vert**
  Carmen Marois
- **L'Écureuil et le Cochon**
  Micheline Coulibaly
- **Elsie, la chèvre orgueilleuse**
  Louise Perrault
- **L'Escale**
  Monique Ponty
- **Le Fantôme du rocker**
  Marie-Andrée et Daniel Mativat
- **L'homme qui venait de la mer***
  Robert Soulières
- **Lili et Moi**
  Claudie Stanké
- **Ma voisine, une sorcière**
  Jeannine Bouchard-Baronian
- **La Peur de ma vie**
  Paul de Grosbois
- **Le Roi gris**
  Mireille Brémond
- **Les Trois Souhaits**
  Marie-Thérèse Rouïl
- **Ulysse qui voulait voir Paris**
  Monique Ponty
- **Une journée à la mer**
  Marie Denis

■ **Jonas, le requin rose**
Yvon Mauffret

■ **Le Bonnet bleu**
Christiane Duchesne

■ **Kouka**
Missa Hébié

■ **Manuel aux yeux d'or**
Isabelle Cadoré Lavina

■ **Le Mendigot**
Fatima Gallaire

■ **Le Monde au bout des doigts**
Marie Dufeutrel

■ **Les moutons disent non !**
Johanne Barrette

■ **Rose la rebelle**
Denise Nadeau

■ **Sonson et le Volcan**
Raymond Relouzat

■ **Un prétendant valeureux**
Georges Ngal

■ **Viva Diabolo!***
Monique Ponty

■ **Zoé et les Petits Diables**
Sylvain Trudel

Deuxième niveau

- **Aventure à Ottawa**
  Doumbi Fakoly
- **Espaces dans le temps**
  Janine Idrac
- **Le Homard voyageur**
  Cécile Gagnon
- **L'Inconnue du bateau fantôme**
  Colette Rodriguez
- **Mannequin noir dans barque verte**
  Évelyne Wilwerth *suivi de*
  Le Carnaval de Venise
  Andrzej Kosakiewicz

- • **Meurtre en miroir**
  Irina Drozd
- • **La Mouette**
  Irina Drozd
- • **Pourquoi les plantes ne se déplacent pas**
  Assamala Amoi
- • **Une barbe en or***
  Cécile Gagnon
- • **Zigzag le zèbre**
  Paul-Claude Delisle
- ■ **L'Almanach ensorcelé**
  Marc Porret *suivi de*
  L'Espace d'une vengeance
  Véronique Lord
- ■ **CH. M. 250. K**
  Nicole Vidal
- ■ **La Chienne aztèque**
  Louise Malette
- ■ **La Fresque aux trois démons**
  Daniel Sernine
- ■ **Le Galop du Templier***
  Anne-Marie Pol
- ■ **Mamie Blues**
  Grégoire Horveno
- ■ **La Nuit mouvementée de Rachel**
  Marie-Andrée Clermont
- ■ **Le Vieil Homme et le Petit Garnement**
  Caya Makhele

Troisième niveau

- • **Crinière au vent**
  Poésies du Canada francophone
  Marcel Olscamp
- • **La Forêt de métal**
  Francine Pelletier
- • **Lorient-Québec**
  suivi de
  L'Esclave blanche de Nantes
  Leïla Sebbar
- • **M'en aller**
  Claude Rose et
  Lucien Touati
- • **La Parole nomade**
  Poésies francophones
  Bernard Magnier
- • **La Rose des sables**
  Nadia Ghalem
- • **Le Sourire de la dame de l'image**
  suivi de
  Le Secret des pivoines
  Madeleine Gagnon *et de*
  Les Deux Maisons
  Esther Rochon
- • **Un matin pour Loubène***
  Pius Ngandu Nkashama
- ■ **Les 80 Palmiers d'Abbar Ben Badis**
  Jean Coué
- ■ **Le Baiser des étoiles**
  Jean-François Somain
- ■ **La Chambre noire du bonheur**
  Marguerite Andersen
- ■ **Le Chant de la montagne**
  Fatima Gallaire
- ■ **Enfance, enfance**
  Rabah Belamri *suivi de*
  Le Locataire
  Elsa Mazigi *et de*
  Les Enfants du lac Tana
  Pius Ngandu Nkashama
- ■ **L'Homme du Saint-Bernard**
  Monique Ponty
- ■ **Portraits de famille***
  Tiziana Beccarelli-Saad
- ■ **Poursuite...**
  Marie-Andrée Clermont

• **Niveau facile**
■ **Niveau intermédiaire**

* Texte également enregistré sur cassette.